L'arbre

Principe maquette et mise en page :
Bernard Van Geet

Loi n°49-956 sur les publications destinées à la jeunesse.

CE2

L'arbre qui chante

Bernard Clavel

Illustré par
Natacha Sicaud

C'ÉTAIT UN MATIN DE JANVIER. Un de ces beaux matins blancs et secs pareils à ces vieux montagnards qui ont du givre à leurs moustaches et des yeux pétillants de soleil. Il avait neigé toute la nuit à gros flocons serrés. Puis, le jour venu, un grand souffle de vent du nord avait débarbouillé le ciel. Derrière la maison, la forêt qui commence au pied de la montagne s'était endormie dans un grand silence glacé. Entre les arbres, les ombres étaient bleues. Les sapins ployaient encore sous leur charge de neige, car le vent de l'aube n'avait soufflé que pour chasser les nuages.

Isabelle et Gérard habitaient là, tout près du bois, dans la maison de leurs grands-parents. C'était une toute petite maison aux murs gris et aux volets verts. Elle se trouvait à l'écart du village que l'on devinait à peine, ce matin-là, très loin, au bord de la rivière gelée.

On ne voyait même plus le chemin qui court entre les champs et traverse la prairie. De la fenêtre, les deux enfants essayaient de le suivre du regard. Ils le trouvèrent très facilement jusqu'au premier tournant, près du gros érable mort depuis deux ans et que le grand-père ne s'était pas encore décidé à couper, mais, plus loin, tout se confondait.

Tandis qu'ils regardaient ainsi, le nez collé à la vitre, Isabelle et Gérard virent passer un oiseau, puis un autre, puis tout un vol qui se percha sur la treille d'où tombèrent des paquets de neige.

– Ils ont froid, dit Isabelle. Il faut leur donner des graines ou du pain.

Elle prépara des graines, et Gérard ouvrit la fenêtre.

– Ferme vite, cria Grand-père, tu vas faire entrer tout l'hiver dans la cuisine !

Les enfants se mirent à rire. Comme si l'hiver pouvait entrer dans une maison !

Isabelle jeta ses graines sur le sentier que Grand-père avait balayé pour aller jusqu'au bûcher chercher du bois. Grand-mère se mit à tousser et souleva les cercles de fonte de la cuisinière pour enfourner une énorme bûche dans le foyer.

Dès que la fenêtre fut refermée, deux oiseaux quittèrent la treille pour venir picorer. Les autres semblaient inquiets, mais, comme rien ne bougeait, ils s'envolèrent à leur tour tandis que d'autres tombaient du toit, tout droit, presque sans battre des ailes.

– Ils n'auront jamais assez de graines, dit Isabelle. Il en vient de plus en plus.

– Mais si, mais si ! cria Grand-mère. Si tu leur donnes tout, ce sont mes poules qui n'auront plus rien !

– Et si tu continues, tu finiras par attirer tous les oiseaux de la forêt, renchérit Grand-père.

Isabelle se résigna et revint à la fenêtre.

Elle resta un long moment à côté de son frère, essuyant la vitre quand la buée l'empêchait de voir. Soudain, elle empoigna le bras de Gérard en disant :

– Regarde, sur le chemin !

Gérard leva les yeux. Là-bas, plus loin que le gros érable mort, un animal curieux avançait dans la neige. Il ressemblait beaucoup au petit lapin mécanique que le Père Noël avait apporté à Gérard quelques années plus tôt. Comme le jouet, il sautillait, vacillait de droite à gauche et s'arrêtait à chaque instant. Toujours comme le lapin, il était vêtu de poils gris et portait de longues oreilles qui se rejoignaient au sommet de son crâne.

Cette apparition était tellement surprenante que les enfants oublièrent les oiseaux. Ils restaient bouche bée, observant sans mot dire cet animal étrange dont les yeux, par moments, lançaient des éclats de lumière.

Quand le lapin, qui marchait uniquement sur ses pattes de derrière, eut atteint la haie bordant le jardin, les enfants ne virent plus que sa tête.

– On dirait qu'il vient ici, murmura Gérard.

– C'est vrai, il fait le tour du jardin.

Le lapin disparut et il y eut un long silence un peu angoissant. Les enfants retenaient leur souffle, l'oreille tendue. Bientôt, des pas sonnèrent sur les marches de pierre, et les oiseaux s'envolèrent si brutalement que les enfants sursautèrent.

– Vous n'avez rien entendu ? demanda Grand-père.

Les deux petits hochèrent la tête.

– Qu'est-ce que ça peut bien être ? dit Grand-mère.

À cette heure-ci, le facteur était encore loin.

Les grands-parents n'avaient rien vu, et les enfants n'osaient répondre. Ils ne pouvaient tout de même pas dire : « C'est un lapin mécanique grand comme un homme qui arrive tout seul et bat la semelle sur le palier ! »

Il y eut encore un frottement contre la pierre, puis on entendit frapper à la porte. Les grands-parents se regardèrent, puis regardèrent la porte. Enfin, comme on frappait plus fort, Grand-père cria :

– Entrez !

La porte s'ouvrit lentement, et ce fut tout d'abord une large bouffée de bise qui pénétra dans la cuisine. Cette fois, c'était le lapin qui apportait l'hiver dans son poil gris. Car c'était bien lui qui se tenait là, debout sur le seuil, tout surpris par la chaleur et l'odeur du feu de bois où cuisait la pâtée des vrais lapins.

Grand-mère se précipite pour fermer la porte. Et voilà que le lapin se met à parler :

– Bonjour, bonjour, dit-il. Je viens très tôt, il faut m'excuser, mais...

Les poils gris s'écartent à la hauteur du visage, de grosses lunettes paraissent, puis un nez tout rouge, puis des moustaches raides comme un balai de crin, puis un visage piqueté de barbe blanche pareille à celle de Grand-père.

– Mais c'est Vincendon ! s'exclame Grand-père. C'est Vincendon !

Et c'était vrai ! C'était bien Vincendon. Et ce fut seulement quand il eut ôté son bonnet à oreilles relevées et quitté sa pelisse dont le col montait à hauteur de ses yeux que les enfants eurent la certitude que le lapin mécanique était un homme. Ils ne l'avaient jamais vu, mais Grand-père leur avait souvent parlé de ce vieil ami.

Le père Vincendon essuyait ses lunettes, il essuyait les larmes qui coulaient de ses yeux en répétant :

– Je vous vois à peine. La chaleur après le froid me fait toujours pleurer. Et mes lunettes sont couvertes de buée.

Il n'y voyait pas, mais il pouvait parler et écouter. Bientôt, assis au coin du feu à côté de Grand-père, il se mit à raconter des histoires de sa jeunesse. Grand-père en racontait aussi. Ils parlaient en même temps, personne ne les écoutait, mais ils semblaient heureux tous les deux.

Les enfants sont déjà retournés à la fenêtre. Il n'y a plus de graines, mais quelques oiseaux s'obstinent à chercher. Une ombre passe sur la neige, un gros oiseau noir descend pour aller se poser sur l'arbre mort. Gérard se retourne.

– Grand-père, il y a un aigle sur l'arbre mort ! Viens vite ! Viens vite voir, Grand-père !

Grand-père ne bouge pas, mais Vincendon se lève et rejoint les enfants.

Ses lunettes rondes enfin propres sont sur son nez. Il dit :

– Ce n'est pas un aigle, c'est un corbeau. Et l'arbre, c'est un érable, mais il n'est pas mort.

De son fauteuil, Grand-père crie :

– Il est mort depuis deux ans. Et je l'abattrai dès que je pourrai.

– Je te dis qu'il n'est pas mort, affirme Vincendon. Les arbres ne meurent jamais...

– Ne me raconte pas des choses pareilles, dit Grand-père, l'air surpris. Je t'assure que ça fait deux printemps qu'il n'a pas bourgeonné. Je te dis qu'il est mort et bon pour le feu.

Vincendon les regarde tous, et pourtant, on dirait qu'il ne les voit pas, qu'il voit autre chose, très loin, bien plus loin que le bout de la plaine.

– Je vous répète que les arbres ne meurent jamais, dit-il… Et je vous le prouverai… Je vous le prouverai en faisant chanter votre vieil érable.

Grand-père paraît incrédule. Mais il se tait. Vincendon est son ami, sans doute ne veut-il pas le contrarier.

Les enfants se regardent. Ont-ils bien entendu ?

Déjà Vincendon a regagné son fauteuil et repris le cours de ses histoires. Et il va rester là jusqu'à la tombée de la nuit, partageant avec eux le repas du midi.

Lorsqu'il s'en va, Grand-père l'accompagne jusqu'à l'érable. Ils tournent tous deux autour du gros arbre, comme s'ils jouaient à la cachette, tout petits dans le crépuscule qui éloigne tout et donne au paysage l'aspect d'une carte postale de bonne année.

Lorsque Grand-père rentre, les enfants se précipitent pour demander :

– Alors, qu'est-ce qu'il a dit ?

– Vincendon soutient que l'érable n'est pas mort. En tout cas, il m'a promis de le faire chanter.

– Mais comment, Grand-père, comment fera-t-il ?

– C'est son secret. Vous verrez plus tard. Je ne peux rien vous dire puisqu'il ne m'a rien expliqué. Il faut attendre.

Les enfants ont beau insister, Grand-père se tait.

**
*

LE TEMPS PASSA. La neige se mit à fondre et les pluies de printemps lavèrent sur le flanc de la colline les dernières traces de l'hiver. Les enfants avaient oublié le père Vincendon lorsqu'un soir, en rentrant de l'école, ils s'aperçurent qu'il manquait quelque chose au paysage. C'était le gros érable. À sa place, il n'y avait qu'une large souche, quelques brindilles, des morceaux d'écorce et de la sciure qui ressemblait à un petit tas de neige oublié là par le soleil.

– C'est peut-être Grand-père qui a coupé l'arbre, dit Gérard. Il n'aurait pas dû. Monsieur Vincendon avait promis de le faire chanter.

– Tu y crois ? demanda Isabelle.

– Oui, parce que c'est monsieur Vincendon qui l'a promis.

Mais Grand-mère prétend que l'arbre mort ne peut plus chanter autrement que dans le feu.

– Il ne faut pas qu'on le brûle, dit le garçon. Viens, viens vite !

Ils se mirent à courir vers la maison. Ils posèrent en passant leurs cartables au pied de l'escalier, et ils filèrent vers le bûcher qui est une

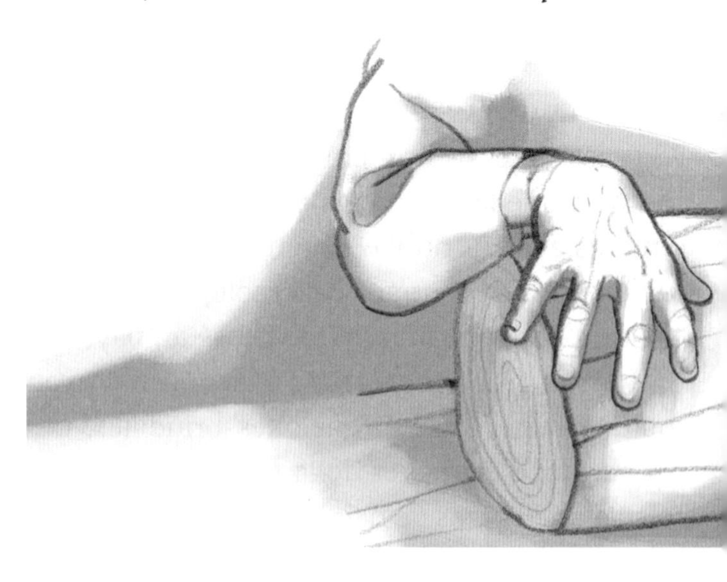

petite cabane de bois que Grand-père a construite au fond du jardin.

La porte était grande ouverte et la charrette arrêtée devant l'entrée. Les enfants coururent, coururent très vite. Lorsqu'ils arrivèrent, ils étaient rouges et essoufflés. Grand-père et Vincendon sortaient du bûcher. Un tronçon de l'érable était encore sur la charrette. Les enfants regardèrent Vincendon avec une lueur de reproche dans leurs yeux clairs, mais le vieillard sourit sous sa moustache. Il s'approcha de la charrette, et se mit à caresser le tronc de l'érable comme il eût fait avec son chien.

Les mains de Vincendon sont grosses, avec des doigts larges et épais, avec des ongles tout relevés et qui ont une drôle de forme. Quand Vincendon caresse le bois, on dirait qu'il le passe au papier de verre tant ses paumes sont râpeuses. Lorsqu'il vous serre la main on se figure toujours qu'il porte des gants de fer comme en mettaient les chevaliers du Moyen Âge.

Il caressa donc le bois et cligna de l'œil en disant :

– Ne vous faites pas de souci, il chantera. Je vous l'ai promis, et je tiens toujours mes promesses.

– Il chantera dans le fourneau, ricana Grand-père. Exactement comme tous les arbres qui meurent. Le faire chanter comme ça, c'est facile.

Grand-père devait plaisanter. Pourtant Vincendon fit mine de se fâcher.

– Tais-toi donc ! cria-t-il. Tu n'y connais rien. Moi, je te dis qu'il chantera mieux encore que lorsqu'il vivait les pieds dans la terre et la tête au soleil. Mieux que les jours où il était tout chargé d'oiseaux et tout habité de vent.

Les enfants écoutaient ce langage curieux. Comme ils semblaient douter de lui, Vincendon les prit chacun par un bras, et il les serra fort avec ses grosses mains dures. Il serrait très fort, presque à faire mal, mais cette force qui était en lui avait quelque chose de rassurant. Il retourna vers la charrette, et continua de palper le gros tronc couché sur les planches.

Il se penchait, tapotait du doigt, écoutait, se redressait en hochant la tête, exactement comme fait le docteur lorsqu'on est au lit avec une grosse fièvre. Mais Vincendon n'avait pas l'air inquiet. Il continua d'ausculter son arbre, répétant seulement de loin en loin :

– C'est bien... C'est très bien... Il est sain... Il chantera... Vous verrez ce que je vous dis, il

chantera mieux encore que lorsqu'il avait des oiseaux plein les bras.

Le lendemain, tout avait disparu. Il ne restait plus dans le bûcher que quelques branches et un bon tas de sciure. Les enfants se mirent à chercher. Enfin, au grenier, ils finirent par retrouver l'érable. Mais cette fois, ils furent très déçus. L'arbre était méconnaissable, tout débité en grosses planches, il avait vraiment un air d'arbre mort.

– Monsieur Vincendon s'est moqué de nous, dit Isabelle. Il ne fera jamais chanter cet arbre. D'ailleurs, est-ce que quelqu'un peut faire chanter un arbre mort ? Il faudrait un sorcier.

– Qu'en sais-tu ?

Isabelle regarda son frère, l'air effrayé.

– Tu crois qu'il serait sorcier ? fit-elle.

Gérard prit à son tour un air important pour répondre :

– Ce n'est pas impossible. Je crois savoir des choses... des choses.

En fait, il se vantait pour paraître mieux informé et plus débrouillard que sa sœur, car il ne savait rien de plus que vous et moi sur le père Vincendon.

Mais le printemps est tout plein de vie, et les enfants oublièrent très vite le vieil arbre. Avant la montée de la sève, Grand-père était allé dans la forêt, et il avait rapporté deux petits érables qu'il avait plantés au bord du chemin, de chaque côté de la vieille souche. À présent, ces petits arbres avaient des feuilles, et c'étaient eux qui commençaient à chanter avec le vent, venu du fond de l'horizon en poussant dans le ciel bleu de gros nuages blancs.

**
*

TOUT LE PRINTEMPS S'ÉCOULA, puis, un jour de juillet, Grand-père sortit la charrette du bûcher et descendit du grenier les plus grosses planches tirées de l'érable.

– À présent, dit-il, en route pour l'atelier de Vincendon.

Isabelle grimpa sur la charrette. Grand-père se mit à tirer par le timon, tandis que Gérard poussait derrière. Ils marchèrent plus d'une heure pour gagner le village. Une heure sous le gros soleil.

Vincendon habitait tout au bout du pays, une maison dont les fenêtres regardaient couler la rivière. Dès qu'il entendit les roues ferrées crisser sur le gravier de la cour, Vincendon sortit sur le pas de sa porte. Il leva les bras dans un geste comique et s'écria :

– Diantre ! Voilà des clients sérieux ! Depuis le temps que je les attendais !

Il portait une chemise claire et un tablier de toile bleue qui tombait jusque sur ses pieds. Ses manches relevées laissaient paraître ses avant-bras maigres ; ainsi, ses mains semblaient encore plus grosses.

Il aida Grand-père à transporter les planches jusqu'au fond d'une longue pièce un peu sombre où les enfants n'osèrent pas les suivre. Une odeur étrange venait jusqu'à eux, et ils demeuraient sur place, se tenant par la main.

Pourtant, Vincendon les fit entrer dans une autre pièce plus claire. Au plafond, le soleil reflété par la rivière jouait en vagues folles.

– Vous me permettrez bien de terminer ce que j'ai commencé, dit Vincendon.

Grand-père approuva, et le vieux bonhomme se remit au travail. Ses énormes mains

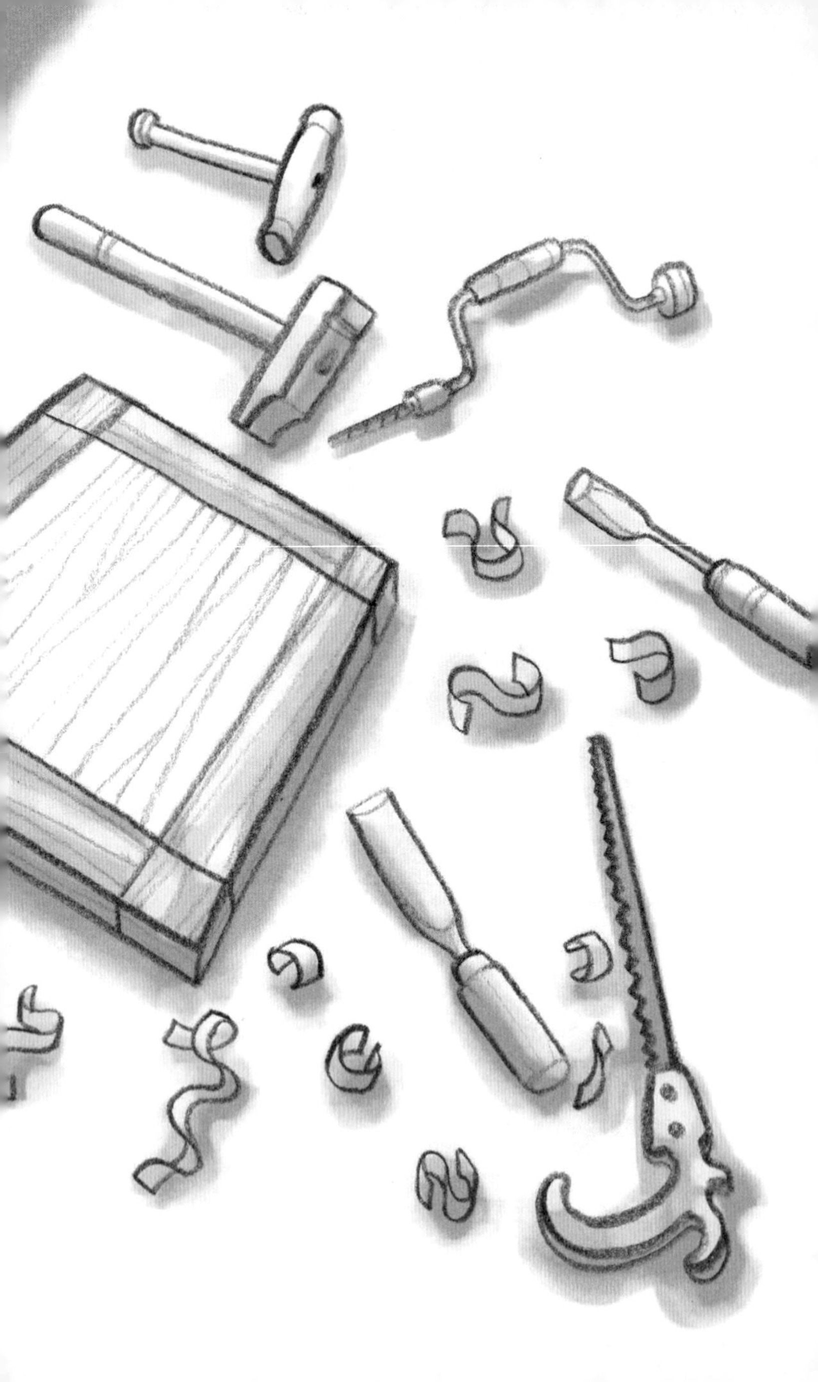

qui semblaient si maladroites pouvaient manipuler les objets les plus menus et les plus fragiles. Vincendon expliqua qu'il polissait le rouage d'une serrure de coffret à secrets. Il faisait tout en bois, même les serrures et les charnières. Pour lui, le métal n'était qu'un serviteur du bois.

– Le bois, disait-il, c'est un matériau noble. Vivant ? toujours vivant. Le métal est bon à fabriquer les outils qui nous permettront de travailler le bois. Mais le bois... le bois...

Quand il prononçait ce mot, ses yeux n'étaient plus les mêmes.

Vincendon n'était pas un homme comme les autres : il était amoureux du bois.

Il en parlait vraiment comme d'un être vivant, comme d'une personne de sa famille avec qui il vivait depuis des années et des années. Avec le bois, il pouvait tout réaliser. De petits coffrets incrustés d'ivoire et de marqueteries compliquées. De petites tables dont les pieds étaient si minces que les enfants retenaient leur souffle de peur de les faire tomber.

Les murs de son atelier étaient garnis d'outils posés sur les rayons ou suspendus à des râteliers. Il y avait des rabots de toutes dimensions et de toutes formes, des scies, des gouges, des ciseaux, des varlopes, des boîtes à coupes, des compas et bien d'autres instruments dont les enfants entendaient le nom pour la première fois. Et puis, il y avait des pots de colle, des bouteilles de vernis, des pains de cire et du bois partout. Du bois de toutes les essences, de toutes les formes, de toutes les couleurs.

Comme Isabelle, qui est très curieuse, se dirigeait vers une petite porte et posait déjà sa main sur la poignée, Vincendon se précipita :

– Non, non, dit-il, n'entre pas là... C'est dans cette pièce qu'est mon secret.

Isabelle pensa au cabinet de Barbe Bleue, mais elle se mit à rire. Il y avait longtemps qu'elle ne croyait plus à tout cela.

– C'est mon secret, reprit Vincendon. Tu le connaîtras quand tu auras entendu chanter ton arbre.

L'été passa trop vite, avec les vacances et les courses merveilleuses dans la campagne et la forêt. Les deux arbres plantés par Grand-père poussaient bien. Les oiseaux s'y arrêtaient déjà. Vers la rentrée des classes, leurs feuilles commencèrent à jaunir et les grands vents d'automne les emportèrent au loin. Les deux petits érables semblaient morts, mais Gérard et Isabelle savaient qu'ils venaient seulement de s'endormir pour l'hiver. À cause des devoirs toujours difficiles et des leçons à apprendre, les deux enfants avaient oublié le gros érable et la promesse du père Vincendon.

**
*

UN JEUDI MATIN, quelques jours avant la Noël, les enfants comprirent dès le réveil que la neige était revenue. Il y avait un grand silence tout autour de la maison, et la lumière qui filtrait par les fentes des volets était plus blanche que celle des autres matins. Ils se levèrent très vite malgré le froid :

– Les oiseaux, dit Isabelle. Il faut penser aux oiseaux.

Elle allait ouvrir la fenêtre pour jeter des graines lorsqu'elle aperçut, hésitant sur le sentier tout blanc, le lapin mécanique.

– Vincendon, c'est monsieur Vincendon !

C'était bien lui, vêtu de sa pelisse grise et de son bonnet à oreilles, mais il portait sous son bras un long paquet enveloppé de papier brun. Le vieil homme approchait lentement, évitant les congères et cherchant avec peine le tracé du chemin. Il passa les deux érables que l'on devinait à peine dans la grisaille, son bonnet dansa un moment au-dessus de la haie puis disparut.

– C'est lui, répétaient les enfants ! C'est bien lui !

Ils ne savaient pas ce qu'apportait Vincendon, mais leur cœur s'était mis à battre très fort. Dès que les semelles du vieil homme heurtèrent le seuil de pierre, Gérard courut ouvrir la porte.

L'air qui entra en même temps que Vincendon était tout piqueté de minuscules flocons blancs. Le feu grogna plus fort, puis ce fut le silence. Ils étaient là tous les quatre, à regarder le père Vincendon et son paquet solidement ficelé.

Vincendon posa son paquet sur la table, ôta ses lunettes, les essuya longuement, se moucha, remit ses lunettes et s'approcha du feu en frottant l'une contre l'autre ses grosses mains qui faisaient un bruit de râpe.

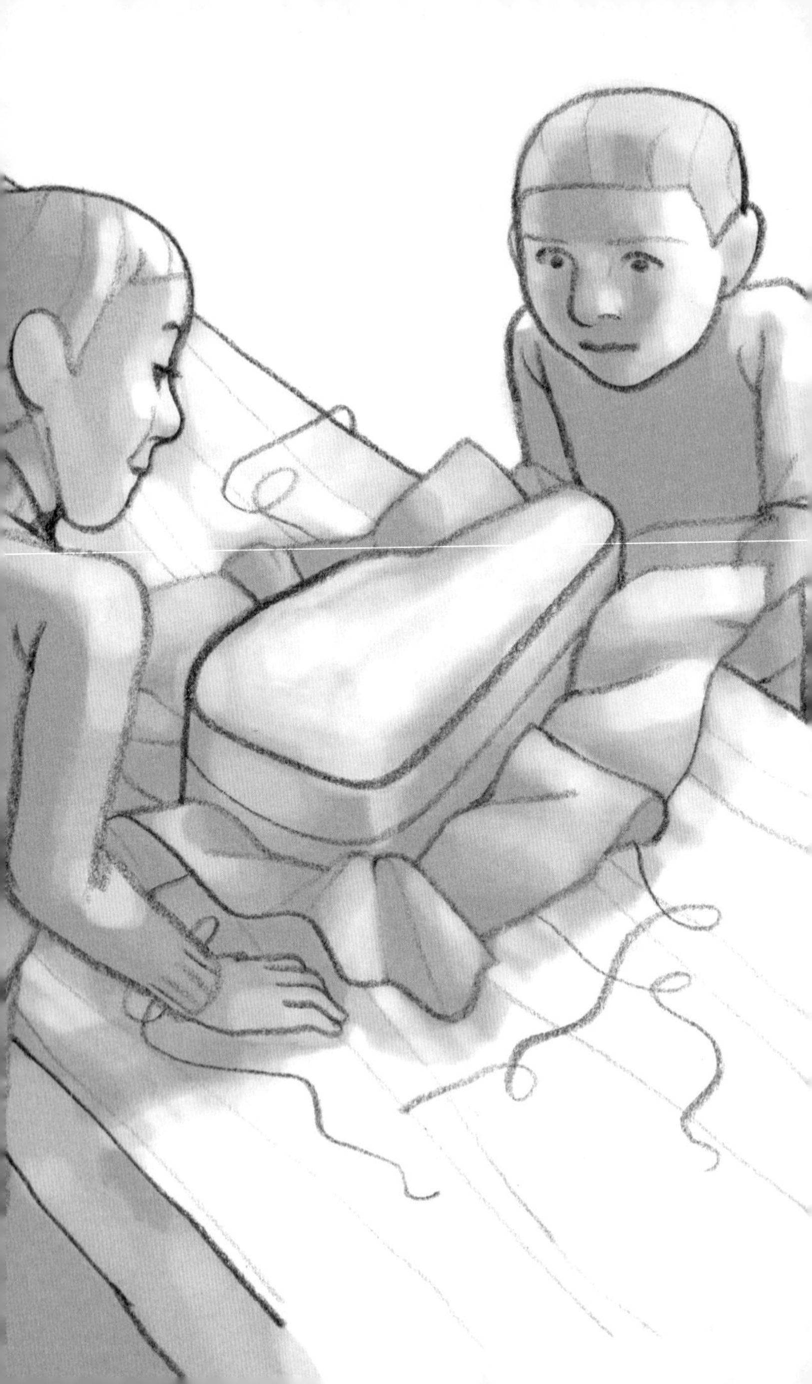

– Il fait bien meilleur ici que dehors, dit-il.

Les enfants s'impatientaient. Chacun d'un côté de la table, ils regardaient le paquet sans oser y toucher. Le vieil homme semblait prendre plaisir à prolonger leur attente. Il les observait du coin de l'œil et adressait aux grands-parents des sourires complices. Enfin, il se retourna et dit :

– Alors, qu'est-ce que vous attendez pour l'ouvrir ? Ce n'est tout de même pas à moi de défaire le paquet.

Quatre petites mains volèrent en même temps. Les nœuds étaient nombreux et bien serrés.

– Prête-nous tes ciseaux, Grand-mère...

– Non, dit Vincendon. Il faut apprendre la patience et l'économie. Défaites les nœuds et n'abîmez rien, je veux récupérer ma ficelle et mon papier.

Il fallut patienter encore, se faire mal aux ongles, se chamailler un peu. Vincendon riait. Les grands-parents, aussi impatients que les enfants, attendaient, suivant des yeux chacun de leurs gestes. Enfin, le papier fut enlevé, et une longue boîte de bois roux et luisant apparut.

Elle était plus large d'un bout que de l'autre. Vincendon s'en approcha lentement et l'ouvrit.

À l'intérieur, dans un lit de velours vert, un violon dormait.

– Voilà, dit simplement le vieil homme. Ce n'était pas plus compliqué que ça. À part les cordes, le velours et les crins de l'archet, tout se trouvait au cœur de votre arbre.

– Mon Dieu, répétait Grand-mère qui avait joint ses mains en signe d'admiration. Mon Dieu, que c'est beau !

– Ça alors !... ça alors ! bégayait Grand-père. Je te savais très adroit, mais tout de même !

Le vieil artisan souriait. Il passa plusieurs fois sa main sur sa moustache avant de dire :

– Vous comprenez pourquoi je ne voulais pas vous laisser entrer dans mon séchoir ? Vous auriez vu des violons, des guitares, des mandolines et bien d'autres instruments. Et vous auriez tout deviné. Eh oui ! je suis luthier. Je fais des violons... Et l'érable, voyez-vous, c'est le bois qui chante le mieux.

Sa grosse main s'avança lentement pour caresser l'instrument, puis elle se retira toute tremblante.

– Alors, dit-il à Gérard. Tu ne veux pas essayer de jouer ? Tu ne veux pas faire chanter

ton arbre ? Allons, tu peux le prendre, il ne te mordra pas, sois tranquille.

Le garçon sortit le violon de son lit, et le prit comme il avait vu les musiciens le faire. Il posa l'archet sur les cordes et en tira un grincement épouvantable. Grand-mère se boucha les oreilles tandis que le chat, réveillé en sursaut, disparaissait sous le buffet. Tout le monde se mit à rire.

– Eh bien ! dit Grand-père, si c'est ce que tu appelles chanter !

– Il faut qu'il apprenne, dit Vincendon en prenant l'instrument, qu'il plaça sous son menton.

Et le vieux luthier aux mains énormes se mit à jouer. Il jouait en marchant lentement dans la pièce, en direction de la fenêtre. Immobiles, les enfants regardaient et écoutaient.

C'était une musique très douce, qui semblait raconter une histoire pareille à ces vieilles légendes venues du fond des âges, comme le vent et les oiseaux qui arrivent en même temps du fond de l'horizon.

Vincendon jouait, et c'était vraiment l'âme du vieil arbre qui chantait dans son violon.

Achevé d'imprimer par Hérissey à Évreux (Eure) - France

Dépôt légal : 74968 - 1/10 - Janvier 2013 - N° d'impression : 119922